SuperStars

Warum verschwanden die Dinosaurier?

Paul Collins

Inhalt

Wörter, die **fett** gedruckt sind, werden auf Seite 23 erklärt.

Stegosaurus

Iguanodon

Dinosaurier starben vor etwa 65 Millionen Jahren aus. Über ihr Verschwinden gibt es viele **Theorien**. Einige Menschen glauben, dass eine Flut die Dinosaurier getötet hat. Andere behaupten, eine Eiszeit sei schuld daran. Die meisten Wissenschaftler sind überzeugt, dass ein riesiger **Meteorit** die Erde getroffen hat. Dieses Ereignis hatte den Tod der Dinosaurier und vieler anderer Tierarten zur Folge.

Einige Fakten

Dinosaurier gehören zur Familie der Reptilien. Sie sind Vorfahren der Krokodile. Dinosaurier lebten schon vor 228 Millionen Jahren. Ihre **Fossilien** wurden überall auf der Welt gefunden.

Das Wort „Dinosaurier“ setzt sich zusammen aus zwei griechischen Wörtern: aus *deinos* – „schrecklich“ und *sauros* – das heißt „Reptil“ oder „Eidechse“.

Einer der weniger intelligenten Dinosaurier war der *Apatosaurus. Sein Gehirn* war nicht größer als das einer Hauskatze, obwohl sein Körper 25 m lang war.

Der *Troodon* war der klügste Dinosaurier. Im Verhältnis zu seiner Größe hatte er ein großes Gehirn. Seine Augen waren teilweise nach vorn gerichtet. Das half ihm, seine Beute zu erspähen.

Dinosaurier gab es in allen Größen. Einige waren so klein wie Hühner. Andere konnten so groß wie zweistöckige Häuser werden. Manche hatten Greifhände. Sie benutzten sie zum Fangen, zur Verteidigung und sogar zum Graben.

Das Gehirn eines *Stegosaurus* war so klein wie eine Walnuss. Das Gehirn eines *Iguanodon* war nicht größer als ein Gänseei.

Viele Dinosaurier hatten schuppige Haut. Andere hatten flauschige Daunen und Federn.

Der älteste Dinosaurier, den wir kennen, war der *Eoraptor*. Er lebte vor 228 Millionen Jahren.

Das Zeitalter der Dinosaurier

Im Mesozoikum entwickelten sich die Dinosaurier fast 160 Millionen Jahre lang erfolgreich. Das Mesozoikum wird in drei Zeitabschnitte unterteilt, in die Trias, den Jura und die Kreidezeit. Am Ende der Kreidezeit starben die Dinosaurier ganz plötzlich aus.

Die Geschichte der Dinosaurier kennen wir durch ihre Fossilien. Aus dem Inhalt ihrer Mägen wissen wir, was sie gefressen und wie sie gelebt haben. Wir kennen ihre Größe und ihre Zähne. Wir wissen, dass einige Dinosaurier in Herden lebten, weil sehr viele in einer einzigen Ausgrabungsstätte entdeckt wurden.

Die alten Chinesen glaubten, die versteinerten Dinosaurierknochen stammten von Drachen.

MESOZOIKUM

Zeitalter der Trias
vor 245 – 208 Millionen Jahren
(37 Millionen Jahre lang)
Melanorosaurus

Indem sie die Schädel der Fossilien zusammensetzten, konnten **Paläontologen** die Laute der Dinosaurier nachahmen. Einige trompeteten wie Elefanten.

Inzwischen hat man etwa tausend Dinosaurierarten entdeckt und ihnen Namen gegeben. Und es gibt noch immer Arten, die darauf warten, gefunden zu werden. Der kleinste Dinosaurier war vogelähnlich und wurde in China entdeckt. Den größten Dinosaurier – er gehörte zu den **Sauropoden** – fand man in Argentinien.

Einige Dinosaurier waren von der Nase bis zum Schwanz 23 m lang. Wie Giraffen konnten sie mit ihrem langen Hals die jungen saftigen Blätter der höchsten Bäume erreichen.

Zeitalter des Jura
vor 208 – 144 Millionen Jahren
(64 Millionen Jahre lang)
Stegosaurus

Die Kreidezeit
vor 144 – 65 Millionen Jahren
(79 Millionen Jahre lang)
Tyrannosaurus

Wo Dinosaurier lebten

Als die Dinosaurier zum ersten Mal auftauchten, gab es auf der Erde nur einen riesigen Kontinent, den man Pangaea nennt. Das Wort ist griechisch und heißt übersetzt „alles Erde". Auf Pangaea gab es drei verschiedene Umweltzonen: Nahe der Küste wuchsen Wälder aus riesigem **Schachtelhalm** und **Ginkgo**-Bäumen. In der Nähe des Äquators war es trockener und kühler. Hier gediehen Kiefernwälder. Die Mitte des Kontinents war von Wüsten bedeckt.

Theropoden hatten Federn und liefen auf zwei Beinen, während sich die Sauropoden auf allen Vieren fortbewegten.

Weil die Welt sich seit dem Mesozoikum sehr verändert hat, ist es schwer zu sagen, wo Dinosaurier gelebt haben. Diese Karte zeigt, wo Fossilien entdeckt wurden.

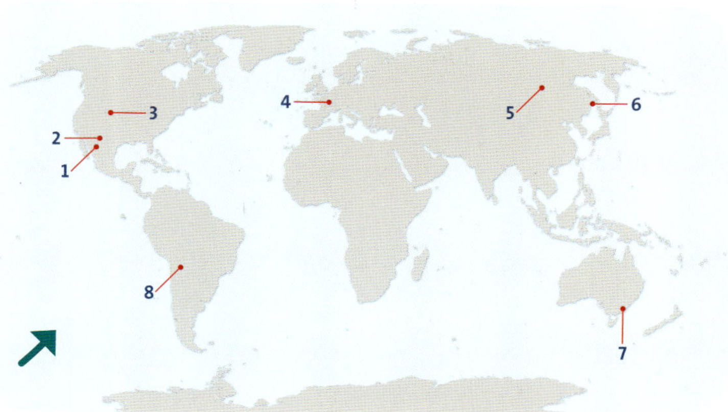

1 Dinosaurier-National-monument, in Utah, USA

2 Hell-Creek, Montana, USA

3 Dinosaurier-Provinzpark, in Alberta, Canada

4 Solnhofen, Deutschland

5 Wüste Gobi, Mongolei

6 Liaoning, China

7 Dinosaurier-Bucht in Victoria, Australien

8 Tal des Mondes in Argentinien

Unter den verschiedenen Umweltbedingungen konnten sich die unterschiedlichsten Pflanzen und Lebensformen entwickeln. Die Dinosaurier waren eine der vielen Gruppen. Sie begannen die Welt im Trias zu beherrschen. Es gab aber auch Eidechsen, Krokodile, erste Schildkröten und frühe Säugetiere.

Im Zeitalter des Jura zerbrach Pangaea in zwei Kontinente – in Laurasia und Gondwana. Als die Landmassen auseinanderdrifteten, veränderten sich die Lebensbedingungen und die Tiere entwickelten sich weiter.

Was sie fraßen

Wissenschaftler haben Zähne, Knochen und den Kot der Dinosaurier studiert und sie haben ihre Ergebnisse mit heute lebenden Tieren verglichen. So haben sie herausgefunden, was die Dinosaurier gefressen haben. Pflanzenfresser fraßen Schachtelhalm und Gingkoblätter. Diese Pflanzen gibt es heute noch.

Struthiomimus erreichte eine Geschwindigkeit von 64 km/h. Der mächtige *Albertosaurus* hatte kaum eine Chance, ihn zu fangen.

Fleischfresser waren viel schneller als die Pflanzenfresser. Einige Dinosaurier waren schlauer als andere – sie jagten im Rudel.

Struthiomimus

Albertosaurus

Einige der langsameren Dinosaurier hatten einen guten Geruchssinn und entdeckten so die Raubtiere. Andere hatten gute Augen oder Ohren.

Fleischfressende Dinosaurier ernährten sich von erbeuteten Tieren. Sie jagten oft im Rudel.

Es wäre möglich, dass einige Dinosaurierarten eine Lebenserwartung von 200 Jahren hatten. Doch in der Regel wurden sie nicht so alt, da sie von **warmblütigen** Raubtieren getötet wurden, aber auch Verletzungen oder Krankheiten erlagen.

Mit großem Appetit

Die größten pflanzenfressenden Dinosaurier waren fast die ganze Zeit mit Grasen beschäftigt. Sie brauchten eine enorme Menge an Futter, um zu überleben. Einige, wie der *Brachiosaurus*, wogen um die 44 Tonnen. Er musste umgerechnet eine Menge von 35 Heuballen am Tag verspeisen. Diese Darstellung eines *Apatosaurus* zeigt, wie seine Verdauung funktionierte.

In der Trias fraßen pflanzenfressende Dinosaurier Schachtelhalm.

Während des Jura verspeisten sie die Früchte des **Palmfarns** und Kiefernzapfen.

In der Kreidezeit fraßen sie Magnolien und andere Blütenpflanzen.

Hals

Der *Apatosaurus* hatte kräftige Muskeln, die das Futter durch eine lange Speiseröhre vom Maul in den Magen transportierten.

Dünndarm

Im Dünndarm wimmelte es von Mikroben. Sie halfen dem Dinosaurier, Pflanzenteile zu zerkleinern und zu verdauen.

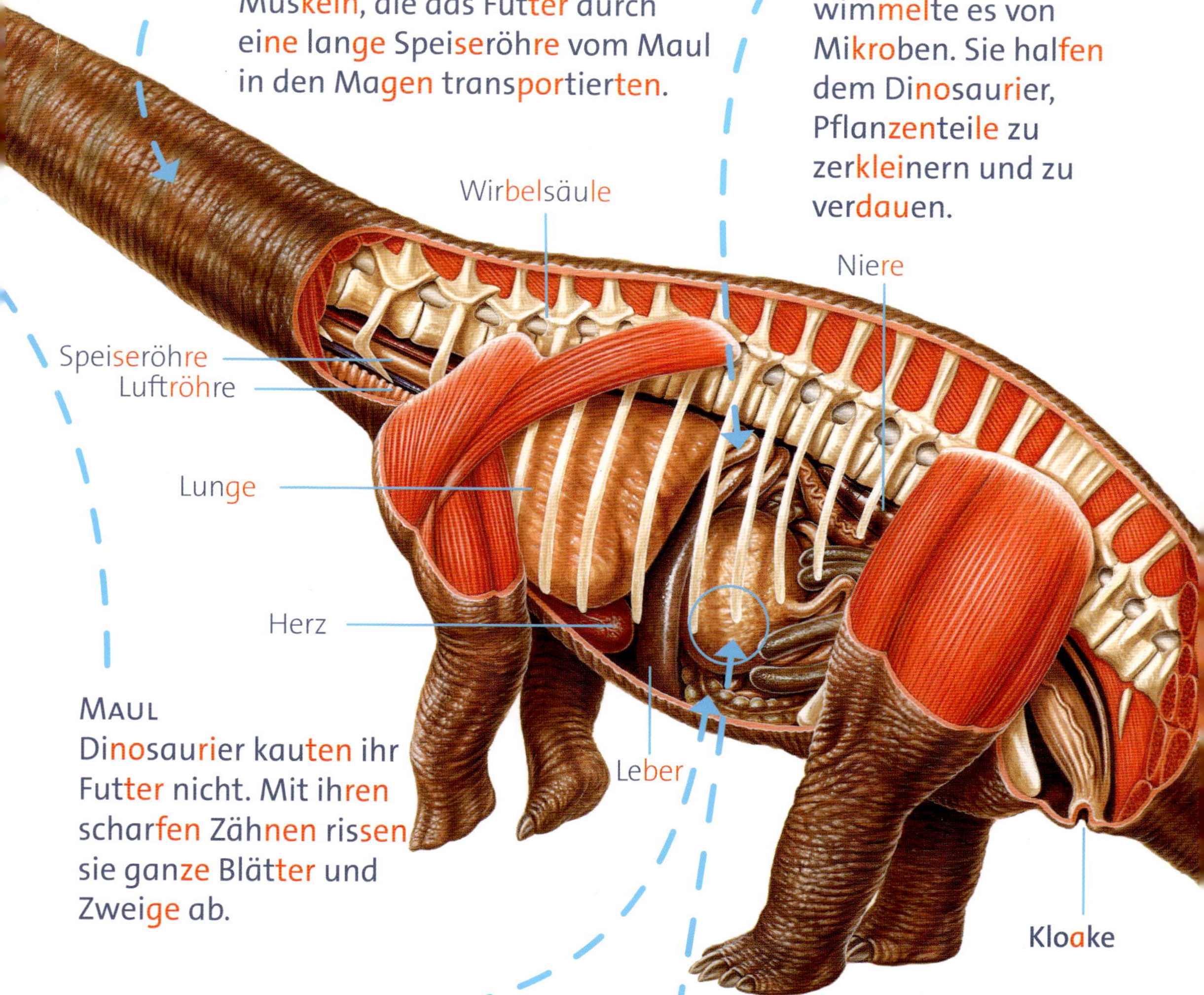

Maul

Dinosaurier kauten ihr Futter nicht. Mit ihren scharfen Zähnen rissen sie ganze Blätter und Zweige ab.

Dickdarm

Wenn das Futter im Magen zersetzt worden war, wurde es vom Dickdarm und Dünndarm aufgenommen.

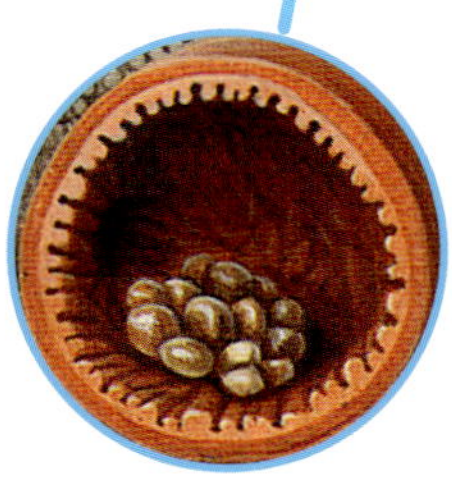

Magen

Einige Pflanzenfresser verschluckten Steine. Die großen Magenmuskeln halfen den Steinen, Futter zu Brei zu zermalmen.

Das große Sterben

Die Dinosaurier starben vor etwa 65 Millionen Jahren aus. Warum sie ausstarben, bleibt ein Rätsel. Krankheiten, Erdbeben, Klimawandel und der Verlust ihres Lebensraumes sind nur einige der Theorien, die erklären, was passiert sein könnte.

Erwärmung

Durch Vulkanausbrüche gelangen große Mengen an Kohlenstoffdioxid in die Luft. Dadurch wird warme Luft in der Atmosphäre gehalten und die Temperaturen steigen. Das könnte die ganze Welt zu einer Wüste verwandelt haben.

Dunkle, kalte Tage

Ungefähr zu der Zeit, als die Dinosaurier starben, brachen in Zentralindien mehrere Vulkane aus. Dabei wurde Asche in die Atmosphäre geschleudert und die Sonne verdunkelt. Daher könnte es für große Reptilien zu kalt geworden sein.

Es wird viel kälter.

Es wird viel heißer.

Klimawechsel

Lange Zeit wurde angenommen, dass für das Aussterben der Dinosaurier Vulkane verantwortlich waren, die ihre Asche in die Atmosphäre geschleudert haben. Allerdings müssten sehr viele Vulkane über tausende von Jahren immer wieder ausgebrochen sein, um solch ein Massensterben zu verursachen.

Die große Flut

Einige Menschen glauben, dass eine große Flut für das Aussterben der Dinosaurier verantwortlich sein könnte. Angenommen, ein Meteorit wäre ins Meer gestürzt – er hätte viele **Tsunamis** ausgelöst. Wenn diese Riesenwellen die Küste erreichen, können sie Erdbeben und unterseeische Erdrutsche verursachen. Solche Überflutungen können alles pflanzliche und tierische Leben auslöschen. Vulkane hätten ausbrechen können. Durch den Ascheregen wären überall Feuer entstanden.

Man weiß, dass es in Zentralindien zeitgleich mit einem vermuteten Meteoriteneinschlag massive Vulkanausbrüche gegeben hat.

Lebensräume an der Küste können durch Flutwellen zerstört werden.

Einige kleine Aasfresser unter den Vögeln und Säugern konnten eine globale Katastrophe überleben.

Tot oder lebendig?

Während die Dinosaurier ausstarben, haben viele andere Arten, wie etwa Krokodile, Fische, Vögel, Schildkröten und Eidechsen, überlebt. Niemand weiß genau, warum die einen starben und die anderen nicht. Vielleicht versteckten sich die kleineren Tiere in Erdlöchern.

OPFER UND ÜBERLEBENDE

Kleinere Tiere waren überlebenstüchtiger als große.

ZEITPUNKT DES AUSSTERBENS

OPFER	ÜBERLEBENDE
Dinosaurier, nicht vogelähnlich	
Pterosaurier	
Ichthyosaurier	
Mosasaurier	
Plesiosaurier	
Ammoniten	
	Säugetiere
	Vögel
	Schlangen
	Eidechsen
	Krokodile
	Schildkröten
	Gangesgavial

Der Meteoriteneinschlag

Wissenschaftler glauben, dass vor 65 Millionen Jahren ein riesiger Meteorit die Erde getroffen hat. Der Aufprall könnte alles innerhalb eines **Radius** von 1000 km getötet haben. Eine Wolke von Staub hätte sich um die Erde gelegt – undurchdringlich für das Sonnenlicht. Doch ohne das Licht der Sonne hätten Pflanzen nicht überleben können.

Kleine Überlebende

Während des großen Sterbens waren kleine Tiere im Vorteil. Vielleicht weil sie weniger Futter brauchten und Futter war knapp. Doch was auch immer die Katastrophe ausgelöst hat – es dauerte 15 Millionen Jahre, bis es auf der Erde wieder so große Tiere wie die Dinosaurier gab.

Ohne Futter kann keine Tierart lange überleben. Doch ohne die wärmende Sonne würde es vor allem großen Reptilien schnell zu kalt werden. Sie könnten nicht überleben.

Riesiger Gesteinsbrocken

Vor etwa 65 Millionen Jahren schlug an der Küste von Yucatán in Mexiko ein Meteorit ein. Es wird geschätzt, dass er einen Durchmesser von 9,5 km hatte. Er traf die Erde mit einer Geschwindigkeit von etwa 100 km pro Stunde. Beim Aufprall explodierte der Meteorit und eine riesige Gas- und Trümmerwolke umgab die Erde.

Mythen und Sagen

Wissenschaftler können nicht mit Sicherheit sagen, warum die Dinosaurier ausgestorben sind, während kleine Säuger und Reptilien überlebt haben. Einige Menschen behaupten, Dinosaurier wären ausgestorben, weil

sie an einer Seuche oder an neuen **Bakterien** starben.

sie nur ein paar tausend Jahre alt waren und von der biblischen Sintflut hinweggespült wurden.

sie während einer Eiszeit getötet wurden. (Diese fand aber erst 63 Millionen Jahre nach dem Aussterben der Dinosaurier statt.)

sie von Aliens gejagt wurden.

sie einfach zu groß wurden

sie wie **Lemminge** sich selbst umbrachten.

Dinosaurier verschwanden bereits 61 Millionen Jahre, bevor es die ersten Menschen gab. Einige Spielfilme zeigen aber Dinosaurier, wie sie Urzeit-Menschen angreifen.

Eine Eiszeit würde fast die gesamte **Flora** und **Fauna** zerstört haben.

Eine Theorie besagt, dass sich ab der Mitte der Kreidezeit die Dinosaurier nicht mehr weiterentwickelt hätten. So wären sie nicht in der Lage gewesen, sich an das veränderte Klima anzupassen.

Der Erfolg der neuen Arten

Es gibt etwa 40 verschiedene Theorien über das plötzliche Verschwinden von fast zwei Drittel allen Lebens auf der Erde. Der Einschlag eines Meteorits ist am wahrscheinlichsten.

Durch das Verschwinden der größeren Landbewohner konnten sich kleinere Säuger behaupten. Ohne ihre wichtigsten Feinde entwickelten sich tausende von verschiedenen Arten von Vögeln und Säugetieren. Diese wurden die herrschenden Tiere ihrer Zeit. Doch dauerte es 64 Millionen Jahre – vom Ende des Mesozoikums an gerechnet –, bis Raubtiere wie der Säbelzahntiger oder der Höhlenbär die Tierwelt der Erde beherrschten.

Worterklärungen

Ammoniten	ausgestorbene Meerestiere mit schneckenartiger Schale
Bakterien	mikroskopisch kleine Lebewesen, helfen, tote Materie zu zersetzen
Fauna	die Gesamtheit aller Tiere in einem bestimmten Gebiet
Flora	die Gesamtheit aller Pflanzen in einem bestimmten Gebiet
Fossilien	versteinerte Reste von Pflanzen und Tieren
Gangesgavial	letzter heute noch lebender Vertreter der Gaviale; gehört zur Familie der Krokodile
Gingko	uralte Baumart mit fächerförmigen Blättern
Kloake	gemeinsamer Körperausgang für Verdauungs- und Geschlechtsorgane
Lemminge	kleine Nagetiere; früher glaubte man, sie würden auf ihren Wanderungen Massenselbstmord begehen
Meteorit	ein Gesteinsbrocken aus dem Weltall, der die Erdoberfläche erreicht, ohne zu verglühen
Palmfarn	palmenartige Zierpflanze
Paläontologe	Wissenschaftler, der die Lebewesen vergangener Erdzeitalter untersucht
Radius	der Abstand zwischen dem Mittelpunkt eines Kreises und der Kreislinie
Sauropoden	eine Gruppe von vierbeinigen Dinosauriern, die einen langen Schwanz, einen langen Hals und einen winzigen Kopf hatten
Schachtelhalm	eine Pflanze, die zur Abteilung der Farne gehört
Theorie	ein Gedankenmodell, um etwas zu erklären
Tsunami	eine riesige Welle, die durch ein Erdbeben im Meer ausgelöst wird
warmblütig	Lebewesen, die ihre Körpertemperatur selbst regulieren können

Stichwortverzeichnis